LE MUSÉE SOCIAL

Société reconnue d'utilité publique

par décret en date du 31 août 1894

FÊTE DU TRAVAIL
DIMANCHE 3 MAI 1896

SIÈGE SOCIAL :

PARIS

5, Rue Las-Cases, 5

LE
MUSÉE SOCIAL

TYPOGRAPHIE FIRMIN-DIDOT ET Cie. — MESNIL (EURE).

LE
MUSÉE SOCIAL

Société reconnue d'utilité publique

par décret en date du 31 août 1894

FÊTE DU TRAVAIL

DIMANCHE 3 MAI 1896

SIÈGE SOCIAL :

PARIS

5, Rue Las-Cases, 5

La *Société du Musée social* a pour but de mettre gratuitement à la disposition du public, avec informations et consultations, les documents, modèles, plans, statuts, etc., des institutions et organisations sociales qui ont pour objet et pour résultat d'améliorer la situation matérielle et morale des travailleurs.

Toutes les demandes de renseignements doivent être adressées à M. le Directeur du Musée Social, 5, rue Las-Cases. — Paris.

LE MUSÉE SOCIAL

FÊTE DU TRAVAIL

DIMANCHE 3 MAI 1896

INTRODUCTION

PAR M. CHARLES ROBERT

ANCIEN CONSEILLER D'ÉTAT, VICE-PRÉSIDENT DE LA SOCIÉTÉ
DU MUSÉE SOCIAL.

« Journée sublime ! spectacle magnifique ! » ont dit plusieurs personnes en quittant, le dimanche 3 mai, vers six heures, la salle des conférences du Musée social. Cette admiration n'avait rien d'exagéré. Elle s'explique au contraire à merveille par la joie sincère que causait aux hommes de bonne volonté, attristés par le caractère déplorable que prennent aujourd'hui les conflits sociaux, la vue d'une fête du travail où semblaient réunies toutes les promesses d'un avenir meilleur.

Si l'attention des contemporains n'était pas très souvent distraite des grandes choses par le bruit que font les petites, ce qui s'est passé là aurait été considéré comme un grand événement. En effet, à l'occasion d'une distribution à la fois cordiale et solennelle de médailles et de rentes viagères faite par le Président de la République à vingt-huit vétérans du travail, pour l'emploi d'une libéralité du comte de Chambrun, on voyait resplendir, dans tous les discours prononcés, l'idée même de la création du Musée social, foyer de lumière sociologique, de chaleur communicative et d'amour des hommes. De grands penseurs, après avoir sondé toutes choses, ont reconnu que pour se conformer à sa loi suprême, l'humanité doit concentrer ses forces sur la recherche de la justice sociale et la diffusion de la bonté.

Pour atteindre ce but, en ce qui concerne le monde du travail, il faut se livrer à d'attentives études, depuis longtemps sans doute poursuivies de divers côtés, mais auxquelles l'institution du Musée social offre un centre nouveau et d'inappréciables éléments de succès.

L'hôtel de la rue Las-Cases était richement pavoisé; des fleurs et des arbustes ornaient son hall, traversé par un luxueux tapis qui s'étendait jusqu'au seuil de la grande porte.

On attendait M. le Président de la République.

Reçu à son arrivée par M. le comte de Chambrun, les membres du Comité de direction de la Société, le directeur et le directeur adjoint du Musée, M. Félix Faure alla visiter d'abord la bibliothèque; il examina avec intérêt le fonctionnement du catalogue et parcourut les diverses salles.

De longs applaudissements le saluèrent lorsqu'il fit son entrée dans le hall où se pressaient plus de cinq cents personnes.

M. le Président de la République était accompagné de MM. Louis Barthou, ministre de l'Intérieur; Boucher (des Vosges), ministre du Commerce, de l'Industrie, des Postes et des Télégraphes; Alfred Rambaud, ministre de l'Instruction publique et des Cultes; le général Tournier, le commandant de Lagarenne et M. Le Gall. Sur l'estrade où prend place M. Félix Faure, ayant à sa droite M. le comte de Chambrun et à sa gauche M. Jules Simon, se trouvent MM. Jules Siegfried, Charles Robert, Émile

Cheysson, Émile Boutmy, Georges Picot, Albert Gigot, Gruner, membres du Comité de direction ; MM. Robert Pinot, directeur du Musée social et Charles Salomon, directeur-adjoint ; MM. Lépine, préfet de police, Vaudremer et Roty, membres de l'Institut, Himly, doyen de la Faculté des lettres de Paris. Dans la salle, on remarque MM. Charles Tranchant, ancien conseiller d'État, Welche, ancien ministre, président du Syndicat central des agriculteurs de France, le comte de Rocquigny du Fayel et beaucoup d'autres notabilités.

Un grand nombre de chefs d'industrie avaient tenu à accompagner les lauréats choisis dans leur maison et c'est au milieu de l'émotion générale et des applaudissements de tous qu'a eu lieu cette distribution.

A l'appel de son nom, chaque lauréat vient recevoir des mains de M. le Président de la République la médaille commémorative et le titre de rente viagère de deux cents francs.

Certains noms sont plus particulièrement applaudis et l'enthousiasme est à son comble au moment où M. le Président de la République remettant la médaille à M. Delacour, agent de la Cie Transatlantique, le comte de Chambrun se lève et embrasse cordialement ce vaillant ouvrier qui, en trente années, a arraché 46 personnes à la mort.

Le lecteur trouvera dans les comptes rendus de la séance, présidée par M. Jules Siegfried, avec les discours des orateurs, un écho des sentiments de l'assemblée ; mais il importe de conserver aussi le souvenir de ce qui s'est passé après la clôture de la réunion officielle.

La séance levée, après le départ du Président de la République, une table a été dressée dans le hall où un lunch a été offert aux lauréats, à leurs familles et aux soixante-dix ouvriers qui ont travaillé à la construction du hall et à l'aménagement de l'hôtel. D'autres invités en grand nombre étaient restés dans la salle.

Divers toasts ont alors été portés.

M. le comte de Chambrun a pris le premier la parole en ces termes :

Messieurs et Amis,

Je lève mon verre aux ouvriers qui m'entourent, à l'élite des travailleurs français ; chacun travaille à sa façon ; moi aussi j'ai beaucoup travaillé, je travaille encore chaque jour et j'espère continuer ainsi jusqu'à mon dernier souffle.

Je lève mon verre à l'amélioration intellectuelle, morale et matérielle du plus grand nombre.

Je lève mon verre au peuple de France. (*Applaudissements unanimes et prolongés.*)

L'un des lauréats, Ambroise Culot, chef-verrier à Baccarat, s'est avancé alors et, se plaçant en face du comte de Chambrun, lui a adressé la petite allocution dont la teneur suit :

Monsieur le Comte,

Ce n'est pas sans avoir le cœur serré de joie et de reconnaissance que nous nous présentons devant vous.

Merci, mille fois merci d'avoir pensé à ces ouvriers dont les cheveux ont blanchi sous le toit de l'atelier. Dieu, plus tard, sur votre digne tête, saura tresser la couronne de vos bienfaits. (*Vifs applaudissements.*)

M. Jules Siegfried, président de la Société du Musée social, a remercié, lui aussi, le comte de Chambrun en termes chaleureux, exprimant l'espoir de le voir consacrer longtemps à l'œuvre fondée par lui l'énergique et généreuse ardeur pour le bien dont il a donné de si nombreux et de si beaux exemples.

Enfin, M. Charles Robert, vice-président de la Société du Musée social, a porté un toast à M. Vaudremer, l'éminent architecte du Musée social, et aux soixante-dix ouvriers, serruriers-constructeurs, menuisiers, charpentiers, maçons, peintres, électriciens, ouvriers du chauffage et tapissiers qui ont pris part aux travaux de l'hôtel. Rappelant que les ouvriers qui construisaient les merveilleuses cathédrales du moyen âge faisaient là une œuvre de foi, en y mettant tout leur art et tout leur cœur, M. Charles Robert a dit qu'il y a de nos jours une foi laïque, compatible d'ailleurs avec toutes les autres, la foi au progrès social, dans laquelle peuvent s'unir les croyances et les opinions les plus diverses, sur un terrain, non pas neutre et stérile, mais vraiment fécond. Le Musée social est, lui aussi, un sanctuaire, un temple de vérité. Y avoir travaillé avec le sentiment de ce que représente cette maison, c'est, pour un ouvrier moderne, un souvenir analogue à celui que l'honneur d'avoir sculpté sa petite pierre à la voûte d'une cathédrale laissait dans le cœur de l'ouvrier d'autrefois.

Les toasts terminés, ouvriers du hall, lauréats et invités, se mirent à causer fraternellement, à trinquer amicalement, et cela, de part et d'autre, avec une sincère, charmante et intense cordialité. On avait le sentiment de ce que peut et doit être une vraie démocratie, d'où le poison révolutionnaire a disparu, et où se manifeste, à côté de l'égalité devant la loi, à jamais conquise, un esprit d'égalité morale et de respect réciproque.

Les ouvriers présents comprenaient à merveille la grande portée de cette réunion solennelle; leur attitude et leur langage faisaient honneur à la démocratie française; ils donnaient à leurs interlocuteurs une impression profonde de confiance. Les vieux disaient tout haut aux plus jeunes de se pénétrer des enseignements donnés par une telle rencontre des représentants de l'initiative individuelle et de ceux de la puissance publique. Regardant au delà du jour présent comme d'un endroit élevé, le voyageur contemple l'horizon lointain, les optimistes entrevoyaient, avec le poète Sully Prudhomme, la terre promise, la cité nouvelle.

On demandait aux lauréats et on se passait de main en main l'admirable médaille faite, sur la demande du comte de Chambrun, par l'éminent sculpteur Roty, pour perpétuer à jamais le souvenir de la solennité de ce jour.

Sur l'une des faces, où sont inscrits ces mots :
« A SES OUVRIERS, LA FRANCE RECONNAISSANTE »,
un travailleur industriel va franchir le seuil
d'un temple qui est le Musée social. A droite,
derrière lui, un paysan, initié sans doute à
l'amour du progrès par les syndicats agricoles,
s'avance, lui aussi, vers le sanctuaire. De ce
côté, un champ et des arbres remplissent le
fond du tableau. Ces deux hommes, l'urbain et
le rural, viennent certainement chercher là les
moyens de réaliser une grande évolution sociale
par les voies pacifiques, sans pillage ni confiscation de la propriété privée, et sans aucun sacrifice impie de victimes humaines.

L'autre face de la médaille (ce n'est pas un
revers car toutes deux sont égales en beauté)
est consacrée à la méthode d'observation.

Elle porte l'inscription suivante :

NON SOLUM LIBRORUM PERLECTIONE SED RERUM
CONTEMPLATIONE VERUM REPERITUR [1].

Assise dans une vaste bibliothèque, un livre
à la main, une femme qui représente la science

---

1. « Ce n'est pas seulement par la lecture attentive des livres, mais par l'observation des faits, que se découvre la vérité. »

a interrompu sa lecture. Elle regarde, par une large baie, la fabrique à hautes cheminées d'une ville industrielle. Elle observe, médite et compare en silence. Le jour où elle parlera, ce sera certainement pour nous recommander la mutualité, la solidarité, la coopération, la prévoyance, la justice pour tous, et le respect de la liberté.

ALLOCUTION

DE M. JULES SIEGFRIED

DÉPUTÉ, ANCIEN MINISTRE, PRÉSIDENT DE LA SOCIÉTÉ DU MUSÉE SOCIAL.

Monsieur le Président de la République,

Au nom du Comité de Direction de la Société du *Musée social*, je vous remercie de bien vouloir honorer de votre présence notre réunion d'aujourd'hui.

Cette fête est une glorification du travail. (*Très bien! très bien.*)

En venant parmi nous, vous avez voulu montrer l'intérêt que vous portez aux travailleurs, et en même temps donner un sérieux encouragement à l'initiative individuelle dans l'une de ses manifestations les plus utiles. (*Applaudissements.*)

Votre visite au Musée social sera pour son éminent fondateur, le comte de Chambrun, une preuve de l'importance que vous attachez à l'œuvre que nous devons à l'élévation de ses sentiments, à son amour éclairé de l'ouvrier, à son inépuisable générosité ; ce sera pour nous, ses collaborateurs, un puissant encouragement dans la tâche d'amélioration sociale que nous avons entreprise ; ce sera enfin pour cette élite de nos travailleurs, qui vont recevoir de vos mains la juste récompense de toute une vie de travail et d'honneur, le plus précieux souvenir. (*Nouveaux applaudissements.*)

Vous avez pu voir, Monsieur le Président, en visitant notre Musée, que notre but est de favoriser le développement social des travailleurs, en mettant à leur disposition les renseignements complets, provenant de France aussi bien que de l'étranger, sur toutes les questions qui touchent à leurs intérêts.

Sans doute l'amélioration sociale dépend surtout du perfectionnement individuel, c'est donc par le travail personnel et par l'éducation de soi-même que s'élèvent le plus sûrement les conditions sociales; mais il n'en est pas moins vrai que certaines institutions peuvent faciliter, dans une large mesure, le bien-être général.

C'est en faisant connaître ces institutions, en montrant aux travailleurs celles qui ont fait leurs preuves, en les mettant en mesure d'en profiter, que le Musée social rendra les plus grands services à notre démocratie.

Notre œuvre est en réalité un institut démocratique au sens le plus élevé de ce mot. Son fondateur comme ses collaborateurs estiment que rien n'est plus dangereux, pour la grandeur et pour l'avenir de la France, que l'antagonisme des classes. Les rapprocher au contraire, dans un esprit d'union et de travail, dans un sentiment de liberté et de dignité, voilà le but à atteindre. (*Applaudissements.*)

Nous pensons que l'intérêt bien compris des travailleurs consiste à réunir par l'association les deux grandes forces sociales, le capital et le travail, qui peuvent seuls assurer leur indépendance.

Consacrer ses efforts à une si noble tâche, c'est rester fidèle à ces belles paroles d'un grand penseur, qui s'appliquent si bien à notre fondateur : « L'homme qui connaît la vie sent et voit qu'aimer Dieu par-dessus toutes choses, aimer tous les hommes comme soi-même, donner son cœur, son âme, son esprit et ses forces, pour rendre les hommes meilleurs et plus heureux, c'est la vie, c'est la loi, c'est le bonheur, la justice et la vérité. » (*Nouveaux applaudissements.*)

Le Musée social, Monsieur le Président, est né de ce noble et grand mouvement qui, à la fin de ce siècle, malgré toutes les luttes, rapproche les hommes dans un esprit de solidarité pour la poursuite d'un idéal de justice, idéal qu'au soir de sa vie, dans une vision lumineuse, le comte de Chambrun a entrevu, et pour la réalisation duquel il a donné, sans compter, sa fortune, et mieux encore, tout son cœur. (*Très bien! très bien! et applaudissements.*)

Le Musée social, seule œuvre de ce genre jusqu'ici, restera comme l'une des créations qui, par la grandeur du but, comme par la noblesse des intentions, auront le plus honoré la France et la République. (*Applaudissements répétés.*)

RAPPORT
DE M. E. CHEYSSON

INSPECTEUR GÉNÉRAL DES PONTS ET CHAUSSÉES, VICE-PRÉSIDENT DE LA SOCIÉTÉ DU MUSÉE SOCIAL.

Monsieur le Président,

Mesdames, Messieurs,

Les organisateurs de cette réunion ont tenu à ce qu'avant la distribution des médailles et des livrets de retraite à de vieux ouvriers, quelques mots fussent dits à ce brillant auditoire sur les origines et le but du Musée social, sur son organisation et ses résultats. Ils m'ont fait le très grand honneur de me confier cette tâche : mais rassurez-vous. Je sais que l'attrait de cette fête, c'est la glorification du travail obscur, vaillant et fidèle ; c'est son apothéose par les maîtres de l'éloquence et de l'art. Je ne veux pas que mon rapport en soit l'ennui, et pour ne pas retarder notre commun plaisir d'applaudir nos modestes héros et les orateurs qui vont parler d'eux, j'aurai, à défaut d'autre mérite, celui de la brièveté.

C'est de l'Exposition d'Économie sociale que procède en ligne directe notre Musée. Elle avait été dirigée par un homme éminent entre tous, l'un de nos présidents d'honneur, M. Léon Say, dont la place, hélas! est vide aujourd'hui et dont je ne puis, au risque d'assombrir cette réunion, m'empêcher d'évoquer ici l'aimable figure, pour lui rendre un suprême hommage au nom du Musée social. (*Applaudissements prolongés.*)

Sous son inspiration, un comité avait organisé cette exposition d'un nouveau genre, qui mettait sous les yeux du public lui-même les institutions destinées à diminuer la souffrance, à augmenter le bien-être et à consolider la paix sociale. (*Très bien.*)

L'impression fut profonde, non seulement chez les hommes de science, mais encore chez les ouvriers. Ils étaient frappés et touchés de ce bel ensemble d'institutions, qui, les suivant du berceau à la tombe, pourvoient avec une sollicitude ingénieuse à tous leurs besoins et opposent un remède à chacune de leurs crises. Ce n'était pas ainsi qu'on leur avait représenté la société actuelle : on l'avait donc calomniée ; elle valait décidément mieux que sa réputation et elle gagnait à être vue de près.

A ceux qui n'avaient pas encore su ni voulu agir, cette exposition faisait honte de leur inaction, donnait des modèles et traçait le chemin à suivre; aux autres, déjà engagés dans cette voie, elle indiquait les moyens d'étendre et de compléter leurs premières initiatives; à tous, elle ouvrait de nouveaux horizons et apprenait les rapports qu'il convient d'établir entre les diverses institutions pour les pénétrer et les féconder au lieu de les laisser cantonnées dans un isolement qui les stérilise en partie. Du milieu de ces créations individuelles, elle faisait jaillir la notion supérieure de leur harmonieuse unité. Elle constituait à ces divers titres une magistrale « leçon de choses » et comme une véritable révélation.

En effet, avant cette grande enquête, on ne soupçonnait pas la multiplicité et l'ampleur de ces institutions, écloses çà et là, à l'insu l'une de l'autre, au souffle de la liberté. Notre littérature crie sur les toits nos défauts; elle aime à étaler nos plaies et pratique à nos dépens l'hypocrisie non de la vertu, mais du vice. Quant à nos belles initiatives, nous les dérobons au grand jour de la publicité par une pudeur délicate qui fuit jusqu'à l'apparence de la réclame. En réalité, nous entassons dans l'ombre des trésors de prévoyance et de vertu, qu'ignorait le public et que l'Exposition de 1889 nous a rendu le service de faire apparaître au grand jour.

Elle nous en a rendu un second qui n'est pas moindre : c'est de nous montrer que, dans cette lutte entreprise contre une fatalité en apparence inexorable pour diminuer le lot des souffrances humaines, les ouvriers n'avaient pas à rester passifs et à se croiser les bras, mais qu'ils pouvaient beaucoup par eux-mêmes en utilisant les ressources de la coopération et de la mutualité, c'est-à-dire de l'association. C'était là aussi une révélation de grande portée et dont les enseignements ont été largement mis à profit depuis lors. Nous assistons à l'essor sans cesse grandissant de ces institutions, qui font de la force avec de la faiblesse. Si tout le monde a plus d'esprit que Voltaire, tout le monde aussi est plus fort qu'Hercule et plus riche que Crésus. C'est avec des fils ténus, mais entrelacés, que l'on fait de puissants câbles de mines ; c'est avec des sous accumulés que se constituent les milliards de l'épargne populaire.

On comprend donc qu'après un tel succès de l'Exposition de 1889, il se soit élevé de toutes parts des doléances sur la dispersion prochaine de ces documents, qui avaient si fortement éveillé les sympathies de l'opinion publique. On demandait que l'Exposition se survécût sous la forme d'un musée permanent, qui serait constamment tenu au courant des progrès de la science.

L'idée était juste; mais combien d'idées justes ont avorté, comme ces graines qui périssent étouffées par les ronces ou par un sable aride! Pour arriver à porter ses fleurs et ses fruits, une idée a besoin, non seulement d'un sol favorable, mais encore d'un homme qui la cultive passionnément. Le Musée social a eu la bonne fortune de trouver cet homme, et c'est pourquoi il a pu sortir du domaine des vœux, sinon même de celui des utopies et des rêves, pour entrer dans celui des éclatantes réalités. (*Applaudissements.*)

La présence de M. le comte de Chambrun me gêne pour exprimer tout haut, comme je le voudrais, nos sentiments à son égard : qu'il me soit du moins permis de lui dire, au nom de tous les amis de son œuvre, leur reconnaissance et leur affection. (*Double salve d'applaudissements.*)

C'était sur les champs de bataille que la vieille noblesse française payait jadis sa dette et servait le pays : il est beau de voir un de ses descendants le servir d'une façon autre, mais non moins méritoire, en déclarant la guerre à la misère et à la haine et en fondant ici un arsenal de paix. (*Applaudissements.*)

Tel est bien en effet le caractère de son œuvre : elle est une œuvre de paix, et j'ajoute : elle est aussi une œuvre d'union et d'amour; elle mérite cette belle devise que proposait naguère notre illustre président d'honneur, M. Jules Simon ; oui, — et je le proclame bien haut après lui pour rassurer ceux qui hésiteraient à s'adresser au Musée, — nous avons le droit de faire graver sur sa façade ces mots : Ici l'on aime ! (*Vifs applaudissements.*)

Né le 19 mai 1894 dans une réunion intime chez son fondateur, le Musée social était reconnu d'utilité publique trois mois après, le 31 août 1894, c'est-à-dire dans des conditions inouïes de rapidité qui attestent de quelle estime tout exceptionnelle a été entouré son berceau. Le 23 mars 1895, par un nouveau décret, — que nous apportait lui-même, deux jours après, à notre inauguration, M. André Lebon, alors ministre du Commerce, réclamant pour la circonstance, avec une bonne grâce spirituelle, le rôle de « tout petit facteur des postes » (*Hilarité générale*), — nous étions autorisés à accepter la donation d'un immeuble de rapport qui représente une valeur d'un million et demi et qui assurait l'avenir du Musée. C'est là un bel exemple donné par M. le comte de Chambrun de ces magnifiques fondations, trop rares chez nous et qui, aux États-Unis, sont, d'après le mot de M. Ribot, « la parure et la couronne d'une société démocratique ». (*Applaudissements.*)

Appuyé sur ce solide fondement, le Musée a pu procéder en toute sécurité à l'organisation de ses services, qui sont aujourd'hui en plein fonctionnement. Après de longs travaux de substruction, son œuvre se dégage enfin des échafaudages qui la masquaient au public, et elle apparaît dans ses lignes maîtresses qu'il me reste maintenant à vous esquisser à grands traits.

Fonctionnant à la façon d'une pompe aspirante et foulante, le Musée social réunit des informations, puis les emmagasine, enfin les canalise et les distribue. C'est à ces diverses tâches que correspondent la répartition de ses services et leur organisation.

Comment s'acquitte-t-il de son premier rôle,

celui de collecteur de renseignements? Il dispose à cet effet de plusieurs moyens d'alimentation et puise à toutes les sources, pourvu qu'elles soient limpides et sûres. C'est ainsi qu'il est abonné aux publications les plus qualifiées, journaux et revues, de toutes les langues, et qu'il reçoit, dès leur apparition, tous les ouvrages dont le sujet se rattache à son vaste domaine; pour avoir un œil et une oreille dans les principaux pays, il s'y est assuré des correspondants émérites, qui le renseignent avec précision sur le mouvement social, dont ils sont non seulement les spectateurs, mais parfois aussi les acteurs les plus en vue; enfin, quand il sent le besoin de compléter son butin sur place, il organise des missions chargées d'étudier à fond telle ou telle question spéciale. C'est ainsi qu'il a procédé l'année dernière pour la question agraire en Allemagne, pour les Trade's Unions en Angleterre, pour la coopération en Italie. La direction de ces missions était confiée à des maîtres de la science sociale, assistés par des jeunes gens distingués, qui ont appris sur le terrain leur métier d'observateurs et qui autorisent, par l'éclat de leurs débuts, les plus brillantes espérances pour l'avenir. (*Approbation.*)

Voici donc, par ces divers canaux, les renseignements arrivés au Musée social; il faut maintenant, pour compléter leur bienfaisant *circulus*, les faire parvenir au public. Ici encore, plusieurs moyens sont mis simultanément en jeu.

L'un des premiers auxquels on ait dû naturellement songer est d'installer sur nos murs, et en particulier sur ceux de la salle où nous sommes réunis, cette exposition permanente d'économie sociale, dont l'idée même a donné naissance au Musée. Le plan de cette exposition est arrêté dans ses derniers détails et nous allons en presser l'exécution. Quand elle sera complète, le public pourra embrasser d'un coup d'œil, — en le voyant résumé par des chiffres expressifs et des dessins saisissants, — ce grand mouvement des institutions sociales, qui constitue certainement un des traits les plus honorables de ce siècle à son déclin.

Quant aux hommes d'étude qui ne se contentent pas d'une impression d'ensemble et veulent fouiller un sujet déterminé, nous leur ouvrons une bibliothèque, où tous les documents dont ils ont besoin sont contenus dans des dossiers méthodiquement classés et consacrés à chacune des grandes questions du jour. Il y a là une dépense considérable d'efforts obscurs, mais fructueux, qui vont mettre aux mains des travailleurs ces matériaux de bon aloi, ces informations abondantes et sûres, dont on sent profondément le prix, quand on a eu la peine de les recueillir soi-même. L'expérience personnelle de chacun de nous lui a enseigné à ses dépens que la besogne la plus ingrate et la plus longue correspond précisément à la réunion de ces documents, qui mettent à notre service l'expérience accumulée, nous épargnent des erreurs ou au moins des redites, et peuvent seuls donner une base solide à nos conclusions.

Était-ce assez de placer ces documents sous l'œil et sous la main du public et de livrer nos visiteurs à leurs réflexions solitaires? Le Musée social ne l'a pas cru, et craignant que la plupart d'entre eux ne fussent pas en état d'entendre suffisamment ces témoignages muets, il a jugé utile de leur en offrir la traduction et le commentaire. C'est à cette pensée que répond l'organisation des conférences et de la publicité.

Les conférences fournissent à nos missionnaires l'occasion de nous rendre compte de ce qu'ils ont vu, touché, observé. Elles ont obtenu dès le premier jour un grand succès, qu'expliquent à la fois l'intérêt des sujets et le talent des orateurs. Elles ont eu lieu dans cette salle élégante et commode qui a été construite par l'éminent architecte et ami du Musée social, M. Vaudremer. (*Applaudissements.*)

J'ajoute que cette salle est mise très libéralement par le Musée à la disposition des « sociétés sœurs », — comme il les appelle, — qui voient en lui un auxiliaire et un allié, non un concurrent dont elles aient à prendre ombrage. Et en effet, comme le disait Napoléon à l'un de ses lieutenants impatient de se signaler : « Sur ce champ de bataille, il y a de la gloire pour tout le monde ! » (*Applaudissements.*)

A ce premier moyen de diffusion par la parole, le Musée en joint un autre, qui vise un public plus nombreux : c'est la publication d'ouvrages spéciaux, et notamment d'une *Circulaire*, dont quelques numéros ont déjà paru et ont reçu le meilleur accueil. La Circulaire n'est pas un organe de dogmatisme ou de polémique, mais une feuille documentaire. Son tirage varie suivant le sujet et s'est déjà élevé jusqu'à 7,000 exemplaires, de manière à pouvoir atteindre, dans leurs principaux groupes de la ville et de la campagne, les mutualistes, les coopérateurs, en un mot tous ces hommes vaillants et modestes que nous voulons aider à réaliser leurs aspirations instinctives vers le progrès social, dont ils cherchent la formule à tâtons. (*Applaudissements.*)

Les conférences, la circulaire et les livres s'adressent au public en bloc, à l'auditoire collectif, mais ils ne suffisent pas en général pour venir au secours individuel de telle personne ou de telle institution, qui a besoin d'un renseignement adapté à son cas particulier et pour ainsi dire taillé à sa mesure. Il y avait donc à faire un nouveau pas pour répondre à ce besoin. Ce pas a été fait et le Musée a organisé un service de *Consultations* techniques, qui constituent certainement l'une de ses originalités les plus précieuses. Ces consultations sont pratiquées couramment et portent, suivant le texte de nos statuts, « soit sur l'agencement d'œuvres à créer, soit sur la situation d'œuvres existantes et sur les modifications que cette situation pourrait comporter ». (Art. 2.)

Pour donner pleine satisfaction aux multiples exigences de ce service et lui assurer toutes les compétences qu'il réclame, nous avons fait appel à une centaine de collaborateurs dévoués, que nous ne saurions trop remercier de leur concours. Ils sont répartis en sections où l'on étudie à fond les questions neuves ou délicates qui veulent un examen très attentif.

N'ayant d'autre prétention que d'être un bureau d'informations précises, le Musée social est ouvert à tous et n'exclut personne; mais il sera surtout utile à ces hommes de bonne volonté, qui, faute d'expérience, ou bien s'abstiennent de l'action ou bien, — ce qui est plus fâcheux encore, — s'y aventurent avec une témérité intrépide, qu'ils expient presque toujours par des chutes ou des faux pas. A ceux-là, le Musée indiquera les applications déjà faites ailleurs, les solutions données à la même idée avec leurs résultats effectifs, les statistiques, les modèles de statuts qui ont fait leurs preuves, les barêmes de cotisations et de pensions qui équilibrent les engagements et les ressources, en un mot tous ces documents qui doivent permettre au consultant de se faire une opinion motivée, et de prendre ensuite un parti à ses risques et périls. (*Très bien! très bien!*)

Suivant le mot heureux de M. Léon Say, notre Musée est et veut être un « Musée expérimental ». Si l'expérience vend très cher ses leçons, il donne gratis les siennes et peut épargner à ses clients les tâtonnements inquiétants et les improvisations aventureuses. Il n'est pas un maître qui dogmatise et qui opprime; c'est un guide qui connaît les dangers de la route, et mène sûrement où l'on veut aller. (*Très bien.*)

Un grand artiste, M. Roty, que je salue avec respect, a symbolisé admirablement le rôle du Musée social dans cette médaille, véritable chef-d'œuvre, qui va être distribuée tout à l'heure à nos lauréats. Il y montre l'ascension de l'ouvrier et du paysan sur les marches d'un temple où ils vont s'enquérir de la science qui fortifie et de la vérité qui apaise. (*Applaudissements.*)

Tel est, présenté en raccourci, le cadre de nos principaux services. Si on y ajoute des manifestations hors tour, dues à des libéralités spéciales de notre fondateur, comme l'ouverture de deux concours magnifiquement dotés, l'un sur l'association, l'autre sur la participation aux bénéfices, et encore cette allocation de médailles et de titres de rentes viagères qui fait l'objet de notre réunion, on aura une idée d'ensemble du Musée social, de son but et de ses premiers résultats.

Ce Musée est décidément né sous une heureuse étoile. D'abord il a un père que toutes les œuvres peuvent lui envier; ensuite il a obtenu le concours désintéressé de nombreux collaborateurs, qui partagent la foi sociale de son fondateur et ont le même idéal que lui d'harmonie et de paix. Voici enfin que, pour mettre le comble à ses faveurs exceptionnelles, le sort lui accorde aujourd'hui deux privilèges insignes : d'abord, celui de fêter des ouvriers d'élite, qui personnifient sous son aspect le plus noble cette grande chose, le travail (*Applaudissements*); ensuite, celui d'être honoré de la présence du Président de la République, qui incarne si bien cette autre chose, entre toutes auguste et sainte, la Patrie! (*Applaudissements redoublés.*)

En même temps qu'elle est pour nous un puissant encouragement et un suprême honneur, cette visite du chef de l'État nous fait contracter une lourde dette. Le Musée doit avoir à cœur de mériter toutes ces sympathies et de justifier toutes ces espérances : je suis convaincu qu'il ne faillira pas à ce devoir. (*Applaudissements prolongés.*)

RAPPORT

DE M. ALBERT GIGOT

MEMBRE DU COMITÉ DE DIRECTION DE LA SOCIÉTÉ DU MUSÉE SOCIAL.

Monsieur le Président,

Mesdames, Messieurs,

M. le comte de Chambrun a eu la généreuse pensée de fonder des prix destinés à vingt-huit ouvriers choisis parmi les plus anciens et les plus méritants de l'industrie française.

Chacun de ces prix consiste en une pension viagère de 200 francs et une médaille commémorative. Le fondateur du Musée social a voulu qu'ils fussent attribués à des ouvriers d'une moralité irréprochable, âgés d'au moins 60 ans et ayant accompli trente années de travail excellent dans le même établissement ou pouvant justifier de services exceptionnels.

Le choix des candidats présentait quelques difficultés. Dans l'impossibilité où l'on se trouvait de les chercher dans tous les ateliers répandus sur tous les points du territoire, il a semblé naturel d'en demander la désignation à ceux des chefs d'industrie qui, en créant dans l'usine les meilleurs rapports entre le capital et le travail, ont le plus efficacement contribué au maintien de la paix sociale. Notre Comité, chargé de réaliser le projet de M. le comte de Chambrun, s'est adressé en conséquence à un certain nombre de chefs d'établissements ou de sociétés choisis parmi ceux qui ont obtenu aux dernières expositions universelles les plus hautes récompenses pour leurs institutions sociales. Tous ont répondu avec empressement à cet appel : quelques-uns ont fait eux-mêmes la présentation des candidats qu'ils ont jugés les plus dignes, d'autres ont préféré demander cette présentation soit aux suffrages des travailleurs eux-mêmes, soit du moins aux comités ou conseils élus qui les représentent dans les institutions sociales de la maison, telles que les sociétés de secours mutuels, de retraites, d'épargne, de crédit, d'habitations, les sociétés coopératives ou les conseils patronaux.

Les candidats ainsi désignés représentent donc en réalité l'élite des ouvriers choisis dans l'élite des établissements industriels de notre pays. La valeur de la récompense qui leur est accordée se trouvera rehaussée par la présence du premier magistrat de la République, qui, en venant présider cette solennité, a voulu à la fois honorer la libérale initiative de M. le comte de Chambrun et donner un précieux témoignage de sa haute et bienveillante sympathie à ces vétérans de l'armée du travail. (*Applaudissements.*)

Il nous a paru nécessaire, en proclamant les noms de ceux dont la longue et irréprochable carrière a mérité la récompense qui va leur être décernée, de résumer brièvement les titres qui ont justifié le choix de chacun d'eux. On pourrait dire sans doute de la plupart d'entre eux, comme on l'a dit des nations heureuses, qu'ils n'ont pas d'histoire; et c'est moins par des actions d'éclat que par la pratique modeste et persévérante du devoir que se recommandent ces utiles et laborieuses existences. Chacune d'elles offre cependant un salutaire et fortifiant exemple, et nous nous reprocherions de ne pas leur rendre un public hommage duquel doit se dégager en même temps un enseignement pour tous.

Les ouvriers des cristalleries de Baccarat avaient des droits particuliers aux libéralités de

M. le comte de Chambrun. La désignation de trois d'entre eux a été demandée aux conseils élus par les ouvriers eux-mêmes pour administrer leurs caisses de prévoyance. Le premier a été choisi parmi les verriers, le second parmi les tailleurs sur cristaux, le troisième parmi les ouvriers divers.

M. CULOT (Henri-Ambroise) est âgé de 62 ans; il travaille depuis cinquante ans sans interruption à Baccarat, où son père et son grand-père ont été verriers avant lui. Ouvrier habile, laborieux et économe, il pourrait jouir aujourd'hui d'une modeste aisance et d'un repos mérité, s'il n'avait libéralement pourvu à l'établissement de ses deux enfants et s'il n'était généreusement venu au secours de membres de sa famille qui se trouvaient dans le besoin. Les sacrifices qu'il s'est ainsi imposés ne lui ont laissé d'autres ressources que le produit de son travail. La pension qui lui est accordée améliorera sa situation dans ses vieux jours. (*Applaudissements.*)

M. IDOUX (Nicolas) qui a aujourd'hui 66 ans, est rentré en 1845 à la cristallerie où travaillait déjà son père et qu'il n'a pas quittée depuis cette époque; c'est un ouvrier excellent, d'une conduite irréprochable, que ses camarades et ses chefs signalent comme un modèle d'honorabilité et de fidélité au devoir. Il a eu deux filles; l'une d'elles, restée veuve avec deux enfants, est retombée à sa charge, et l'aïeul a vaillamment pris la place du père enlevé avant l'heure. (*Applaudissements.*)

M. KEPPE (Joseph), né en 1830, a débuté comme simple manœuvre, s'est fait remarquer par son intelligence et son énergie qui suppléaient aux lacunes de son instruction première, et il a été choisi pour travailler à des essais de procédés nouveaux à la réussite desquels il a contribué après de longs efforts. Il a élevé cinq enfants, et pendant les cinquante-six années de services qu'il a accomplies à la cristallerie, il a mérité l'estime et l'affection de tous. (*Applaudissements.*)

La Compagnie des manufactures de glaces et produits chimiques de Saint-Gobain a proposé M. PINCANON, qui travaille depuis soixante et un ans à la mine de Sain-Bel. Entré à cette mine dès l'âge de 12 ans comme tireur de minerai au jour, il y a été successivement employé en qualité d'ouvrier rouleur, chargeur, mineur et boiseur à l'intérieur, et il y occupe encore aujourd'hui, à l'âge de 73 ans le poste de receveur à la surface. Doué d'une santé robuste et d'une grande habileté professionnelle, il était appelé de préférence dans les travaux difficiles pour lesquels il fallait faire preuve de vigueur, d'intelligence et de courage, et l'on peut dire qu'il a fourni la plus grande somme de travail qui puisse être demandée à un ouvrier. Cet ouvrier modèle a été aussi un père de famille excellent. Ses deux enfants et ses dix petits-enfants ont été élevés dans les sentiments dont il leur a constamment donné l'exemple, et, pour la plupart, ils travaillent comme lui à la mine. Ses économies sont peu considérables; il a pu toutefois se rendre acquéreur d'une petite maison et d'un jardin. (*Vifs applaudissements.*)

M. CUSSY (FRANÇOIS) est désigné par MM. Schneider et Cie qui l'occupent depuis 1839 comme mouleur dans leurs ateliers de construction du Creusot. Agé aujourd'hui de plus de 66 ans, il compte plus de cinquante-six ans d'excellents services. C'est un ouvrier habile, un travailleur infatigable, d'une conduite et d'une moralité irréprochables. Il a eu neuf enfants dont six sont encore vivants. Une de ses filles est sourde-muette et reste à sa charge; une autre fille est morte, lui laissant deux enfants qu'il a élevés. Un de ses gendres vient de mourir : sept orphelins, dont l'aîné a 18 ans, restent sans ressources. Le grand-père, bientôt septuagénaire, s'apprête à en recueillir un ou deux. Ce n'est pas seulement à l'égard des siens qu'il a fait preuve de dévouement et de courage; au début de sa carrière, à l'âge de 20 ans, il risquait sa vie pour sauver un ouvrier qui allait se noyer dans un étang.

M. Cussy a obtenu la médaille d'or instituée par le décret du 16 juillet 1886 en faveur des ouvriers qui comptent plus de trente ans de services dans le même établissement industriel. (*Applaudissements répétés.*)

M. PATIN (Joseph), né en 1820, entrait à l'âge de 9 ans aux mines d'Anzin en qualité de galibot ou porteur de bois. A 19 ans, il faisait preuve d'un rare courage dans une explosion de grisou, et, bien qu'il eût été lui-même atteint, il parvenait, malgré ses blessures, à sauver la vie de trois de ses camarades. Fidèle aux promesses de ses débuts, il s'est constamment fait remarquer par son dévouement, son intelligence et sa bonne conduite, et il n'a terminé sa longue et honorable carrière d'ouvrier qu'après soixante-trois ans de services ininterrompus. Ce laborieux et courageux travailleur a donné également l'exemple des vertus domestiques : il a élevé sept enfants, tous encore vivants, dont trois fils qui sont restés fidèles aux traditions paternelles. Malgré ses charges de famille, il a pu réaliser quelques économies qui lui ont permis de devenir propriétaire de la petite maison qu'il habite. Le Ministre du commerce lui a décerné la médaille instituée par le décret de 1886. (*Applaudissements.*)

M. PINOT (Antoine-Ernest), âgé de 66 ans, a travaillé sans interruption, pendant trente-cinq ans, d'abord comme ouvrier ébéniste, puis comme ouvrier tableur dans la maison Pleyel, Wolf et C¹ᵉ. Le chef de cette maison nous l'a présenté comme le plus digne de la récompense qui va lui être décernée, tant à raison de sa longue et fidèle collaboration que de son habileté professionnelle et des services qu'il a rendus à ses camarades, avec un dévouement admirable, en sa qualité de secrétaire de leur société de secours mutuels. Chaque jour, en effet, depuis vingt-quatre ans, il consacre à ces fonctions plusieurs heures de sa journée pendant lesquelles il pourrait très sensiblement accroître le produit de son travail. Il a obtenu une médaille d'argent en 1887 à l'Exposition du Havre, et la médaille d'honneur du Ministère du commerce. (*Applaudissements.*)

Le Conseil coopératif de la papeterie d'Angoulême dirigée par MM. Laroche-Joubert et Cie, composé des gérants, des membres des conseils, des directeurs et des ouvriers et employés élus par les coopérateurs de chacune des usines, a désigné M. FORT (Jean), qui travaille dans la maison depuis quarante-trois ans, et dont la femme, décédée il y a quelques années, y a travaillé avec lui pendant plus de trente ans. Cet ouvrier, d'une honorabilité absolue, est entouré de l'affectueuse estime de ses camarades et de ses chefs; quoiqu'il n'ait occupé que des emplois modestes et partant peu rémunérateurs, il a donné une bonne instruction à ses deux fils qui sont devenus voyageurs pour le compte de la maison. Il a reçu en 1893 la médaille du Ministère du commerce. (*Applaudissements.*)

M. SANNER (François) nous est proposé par la blanchisserie-teinturerie de Thaon. Né en 1831 à Storkensohn, dans le Haut-Rhin, d'une pauvre famille qui comptait onze enfants, il a travaillé au milieu des siens depuis l'âge de 9 ans jusqu'aux douloureux événements de 1870. Agé de 38 ans à cette époque, il ne s'était pas marié pour se dévouer plus complètement à ses parents, à ses frères et à ses sœurs. Dans le rude hiver de l'année terrible, il a quitté avec quelques camarades son pays envahi pour aller rejoindre, au milieu de périls et de souffrances de tout genre, les soldats de la Défense nationale, dans les rangs desquels il réclamait sa place. Au lendemain de la guerre, il s'est arraché à la vieille terre d'Alsace pour se rattacher par la déclaration d'option à la grande patrie française. Il est entré à cette époque à la blanchisserie de Thaon, qui venait d'être créée dans les Vosges; de son salaire il a fait deux parts, l'une destinée à pourvoir à ses besoins, l'autre qu'il envoyait à la famille restée sur le sol natal annexé, et ce n'est qu'à l'âge de 55 ans que, jugeant sa tâche accomplie, il a songé à se créer un foyer.

Il a été toute sa vie, nous disent ses chefs, un ouvrier modèle; il n'a cessé de travailler que lorsqu'il lui est devenu impossible de franchir la distance d'un kilomètre qui sépare son habitation de l'usine. Il a été comme époux, comme camarade, ce qu'il a été comme fils, comme frère et comme patriote. C'est le plus bel éloge qu'on puisse faire de lui. (*Applaudissements prolongés*.)

La Chambre consultative des Associations ouvrières de production, dont vous connaissez les services, nous a semblé devoir être appelée à nous présenter un candidat. Elle a fait choix de M. DAVAUD (ABEL), né en 1828 et actuellement comptable chez M. Charles Tuleu, fondeur en caractères. Quoique, à raison de son état de santé, M. Davaud n'ait pu atteindre les trente années de services dans la même maison demandées aux candidats, il a paru légitime à la Chambre consultative de lui tenir compte « des services qu'il a rendus à la démocratie ouvrière en préconisant la participation aux bénéfices et l'association coopérative sous toutes ses formes depuis 1848 ». M. Davaud a été en effet l'un des persévérants défenseurs de cette cause depuis près d'un demi-siècle. Dès 1849, il était secrétaire de l'Association des ouvriers du bronze. En 1857, il contribuait à la fondation des sociétés de crédit mutuel; il devenait en 1886 rédacteur du journal *le Moniteur des syndicats ouvriers,* et en 1893 rédacteur du journal *l'Association ouvrière.*

Il a été membre de la Commission d'économie sociale de l'Exposition universelle de 1889. *(Applaudissements.)*

La Compagnie houillère de Bessèges a demandé aux représentants élus de ses ouvriers la désignation d'un candidat. L'élection a été faite par les quarante-huit membres ouvriers des conseils des deux caisses de secours, par le conseil d'administration de la caisse particulière de retraites des anciens ouvriers qui comprend vingt-quatre membres, et enfin par les membres des conseils et les chefs de section de la Société des Amis de l'ordre et de la liberté du travail au nombre de cent deux. Cette dernière Société n'admet dans ses rangs que des ouvriers irréprochables; la Compagnie donne chaque année à ses membres, sur livret d'épargne, une gratification dont le montant est de 100 francs pour les membres des conseils, de 75 francs pour les chefs de section, et 50 francs pour les ouvriers. M. GAILLARD (Marcelin), qui a été désigné dans ces conditions par les suffrages de ses camarades, a 61 ans et compte trente-quatre ans de services. Il est entré à la mine à l'âge de 27 ans seulement, après s'être livré pendant sa jeunesse aux travaux agricoles. Sur quatre enfants, il ne lui reste qu'une fille mariée depuis cinq ans. Ouvrier exemplaire, il est un des membres les plus dévoués et les plus méritants de la Société des Amis de l'ordre et de la liberté du travail. (*Applaudissements.*)

M. BOURQUIN (Georges-Frédéric), né le 4 octobre 1825, a travaillé sans interruption pendant cinquante-trois ans dans les établissements de MM. Peugeot frères, à Valentigney (Doubs). Il est désigné par le bureau de la Société de secours mutuels de Valentigney, dont il fait partie depuis quarante-trois ans. Fils aîné d'une nombreuse et recommandable famille, il entrait à l'usine à l'âge de 13 ans, aux côtés de son père, qu'il remplaçait en 1854 comme maître forgeron. Ouvrier habile et infatigable, il a élevé quatre enfants auxquels il a donné l'exemple d'une vie sans reproche ; trois de ses fils sont aujourd'hui occupés dans la maison où l'ont été avant eux leur père et leur grand-père. Ses économies ont été employées à la construction d'une petite maison qu'il habite depuis trente-six ans. La médaille d'argent du Ministère du commerce lui a été remise à Besançon en 1890 par le regretté président Carnot. Ce sera avec un légitime orgueil qu'il recevra des mains de son successeur celle qui va lui être décernée. (*Applaudissements.*)

M. Ménier a désigné, sur la proposition du comité de direction de l'usine de Noisiel, M. HUDRY (ATHANASE), qui travaille depuis quarante et un ans dans cette usine et qui est âgé de 63 ans. Né en Savoie, orphelin à 7 ans, élevé par un parent éloigné, M. Hudry est venu à Paris à l'âge de 20 ans et s'y est montré dès le début ce qu'il n'a cessé d'être pendant toute sa vie, un travailleur énergique, dévoué à ses camarades comme à ses chefs, remarquable par sa moralité et son esprit d'ordre. De son mariage avec une ouvrière de l'usine, il a eu une fille, qui a épousé, il y a dix ans un instituteur public. Il a encore aujourd'hui à sa charge sa belle-mère âgée de 86 ans. Sobre et économe, il a su mettre sa vieillesse à l'abri du besoin, et dès 1868, il a pu acquérir avec ses premières économies une petite maison qu'il habite et qu'il a dû réédifier presque complètement après la guerre de 1870.

M. Hudry a été en 1887 un des membres fondateurs de la Société de secours mutuels de Champs-sur-Marne ; il est titulaire depuis 1889 de la médaille d'honneur du Ministère du Commerce et de l'Industrie. (*Applaudissements.*)

M. WEISS (Benoit), né en 1829, est entré en 1850 chez MM. Moët et Chandon ; il a été admis à la retraite après trente-cinq ans de services. Son aïeule avait été pendant le même temps au service de cette maison ; deux de ses quatre enfants y travaillent encore aujourd'hui. Tous sont restés fidèles aux mêmes traditions de travail, d'honneur et de probité. (*Applaudissements.*)

La Société anonyme des papeteries de Vidalon présente M. CRÉMILLEUX (François), âgé de 71 ans ; mais elle a tenu à faire ratifier ce choix par un vote des contremaîtres et des ouvriers qui l'ont unanimement approuvé.

M. Crémilleux est entré, à l'âge de dix ans, dans l'usine où son père avait travaillé avant lui ; et en 1839, lors de l'installation de la première machine continue, il y a été placé en qualité de second machiniste : conducteur de machine jusqu'en 1886, il n'a quitté ce poste, lorsque son âge ne lui a plus permis de le conserver, que pour exercer les fonctions de surveillant qu'il remplit encore. Marié en 1847, il a eu huit enfants : il ne lui reste plus que trois filles qui ont épousé des ouvriers des usines. Ses enfants et petits-enfants ont été élevés dans l'amour du devoir : ils ont reçu de lui l'exemple d'une vie laborieuse et sans tache. Il compte aujourd'hui soixante et un ans de services à l'usine de Vidalon. (*Applaudissements.*)

M. MERCIER (Louis-Urbain-Réné) est né à Illiers (Eure-et-Loir) le 25 mai 1830. Son apprentissage terminé, il fit, suivant la coutume de l'époque, son tour de France, travaillant successivement à Tours, Bordeaux, Toulouse, Nîmes, à la satisfaction des patrons qui l'occupaient, comme le témoignent son livret et ses certificats.

C'est en 1848, à l'âge de 18 ans, qu'il vint à Paris, désireux d'entrer dans une bonne maison où il pourrait excercer son métier de chaudronnier.

Après avoir traversé des périodes alternatives de chômage et de travail, il avait réussi à s'attacher à la maison V. Desoudun, rue Pierre-

Levée, lorsque, tombé au sort en 1851, il dut rejoindre son régiment. Incorporé au 20° de ligne, il fit la campagne de Crimée. En 1855, il fut congédié par anticipation, avec le grade de sergent.

Revenu à Paris, il reprit aussitôt son ancien métier et, après avoir travaillé successivement dans divers ateliers, il entrait, le 25 juillet 1859, dans la maison Goffinon, dont MM. Barbas, Tassart et Balas sont les successeurs.

Son assiduité, son intelligence, sa bonne conduite le firent bientôt remarquer. Attaché aux travaux d'ateliers pour lesquels il avait des aptitudes plus particulières, il était tout désigné pour le poste de contremaitre qu'il occupe encore aujourd'hui.

En 1862, M. Goffinon, chef de la maison depuis dix ans, avait décidé d'y fonder diverses institutions et, en particulier, la Participation aux Bénéfices, une société de secours mutuels, la caisse de prévoyance et de retraite, enfin une école professionnelle.

M. Mercier fut un des premiers inscrits parmi les ouvriers choisis pour constituer le premier groupe.

En 1872, ces institutions, consacrées par une

expérience de dix années, étant devenues définitives, il est appelé à faire partie du Comité consultatif (conseil d'usine), composé des plus anciens ouvriers et employés chargés, sous la présidence de leur patron, d'élaborer et d'arrêter ces statuts et d'en surveiller l'application, poste dans lequel il a été constamment maintenu par l'estime de ses camarades et de ses patrons. (*Applaudissements.*)

M. BONIMOND (François), âgé de plus de 68 ans, est entré en 1857 à l'imprimerie Chaix qu'il n'a jamais quittée et où il compte trente-neuf années de présence ininterrompue. Ouvrier laborieux et rangé, il a rendu à la maison Chaix des services signalés ; il est titulaire depuis 1891 d'une médaille d'honneur du Ministère du commerce. (*Applaudissements.*)

M. Eugène Moutier, entrepreneur de serrurerie à Saint-Germain-en-Laye, a désigné : M. VINCENT (Jean-Baptiste), qui est actuellement âgé de 65 ans, et qui est entré à l'âge de douze ans comme apprenti dans la maison où il a travaillé pendant quarante-six ans, sous trois générations successives de patrons. En 1871, il a quitté l'atelier, auquel il était attaché depuis vingt-sept ans, pour aller se fixer en province auprès d'une de ses filles dont le mari avait été tué pendant la guerre; il est resté avec elle jusqu'en 1877 pour lui permettre d'élever son enfant, et, sa tâche accomplie, il a repris sa place dans l'atelier. Il a fait partie, pendant vingt ans, de la Compagnie des pompiers de Saint-Germain, et souvent il a été mis à l'ordre du jour. En 1895, il a obtenu la médaille d'honneur du Ministère du commerce. (*Applaudissements.*)

M. GERMAIN (J.-B.) travaille à Varangéville, dans les usines de produits chimiques de MM. Solvay et Cie, depuis 1873, date de la fondation de ces établissements. Le chef de cette maison l'a désigné sur la liste des ouvriers les meilleurs, les plus anciens et les plus méritants qui a été établie par les chefs de service. Veuf depuis trois ans, il a deux fils, dont l'un travaille avec lui depuis vingt ans à Varangéville. (*Applaudissements.*)

La Compagnie des Messageries maritimes a désigné M. SENÈS (LOUIS), ouvrier calfat, âgé de 61 ans, et ayant servi pendant trente-trois ans dans les ateliers de la Compagnie à la Ciotat et à Suez; ce choix a été arrêté sur la proposition unanime du sous-comité de la Caisse de secours composé de six ouvriers élus par leurs camarades.

M. Louis Senès, qui avait débuté comme apprenti charpentier à l'arsenal de Toulon, en est sorti à 20 ans pour embarquer comme matelot charpentier sur la corvette *la Capricieuse*; il a fait les campagnes de Crimée et d'Italie et a été congédié en 1860 comme quartier-maître calfat avec un certificat de très bonne conduite et de capacité excellente. Au sortir du service, il est entré dans les ateliers des Forges et Chantiers de la Seyne, puis aux ateliers de la Ciotat où son père, ancien maître de la marine et chevalier de la Légion d'honneur, était contremaître. Il a élevé douze enfants dont huit sont encore vivants; trois de ses fils travaillent dans les ateliers de la Ciotat; une de ses filles est mariée à un pointeur sur les paquebots de la Compagnie. M. Senès a reçu le 28 mars 1860 un témoignage officiel de satisfaction du Ministre de la marine pour avoir concouru au sauvetage d'un matelot tombé à la mer le 9 janvier 1860; en accomplissant cet acte de courage, il contracta un refroidissement à la suite duquel il resta malade pendant cinq ans. Dix années plus tard, il se jetait à l'eau dans le port de la Ciotat pour sauver la vie à un enfant. (*Vifs applaudissements.*)

M. MAHLER (Philippe-Henri), né à Strasbourg le 21 juin 1831, est entré en apprentissage comme fondeur à l'âge de 13 ans dans la maison Berger-Levrault. En 1852, il entrait à Paris dans la maison Deberny et Cie, en qualité d'ouvrier fondeur typographe. Il n'a cessé d'y travailler depuis cette époque, et il dirige depuis 1875 les ateliers comme prote ou contremaître.

Il remplit également depuis 1870 les fonctions d'administrateur de la Caisse de l'atelier. Par sa droiture, sa probité, son dévouement, il a su conquérir avec l'estime de ses patrons la sympathie de tout le personnel. Aussi, a-t-il été désigné à la fois par M. Tuleu, propriétaire directeur de la fonderie Deberny, et par le conseil d'administration de la Caisse de l'atelier. (*Applaudissements.*)

Le Conseil de gérance de la Société du Familistère de Guise présente M. TÉNIÈRE (Alexis), né en 1831. M. Ténière a commencé sa vie de labeur dès l'âge de 12 ans dans un atelier de tissage ; appelé sous les drapeaux en 1852, il a pris part aux campagnes d'Afrique, et à sa libération en 1859, il est entré dans les ateliers d'appareils de chauffage du Familistère de Guise pour ne plus les quitter. Malgré son âge avancé et les infirmités qu'il a contractées au travail, il n'a pas voulu renoncer au service actif pour demander la mise à la retraite à laquelle il a droit. Ouvrier laborieux, ponctuel, tempérant, il s'est fait remarquer à l'atelier par une conduite irréprochable ; père de famille excellent, il a élevé trois enfants. En 1891, il a reçu la médaille d'honneur du Ministère du commerce. (*Applaudissements.*)

M. HAMONO (HERVÉ) a travaillé pendant trente-deux années consécutives comme ouvrier peintre dans les ateliers de la maison Leclaire, aujourd'hui dirigée par MM. Redouly et Cie. Il est âgé de 67 ans. Cet honnête et laborieux ouvrier a élevé quatre enfants, dont trois sont encore vivants et lui ont donné sept petits-enfants. Son fils et un de ses gendres sont au service de la maison dans laquelle il a fourni une longue et honorable carrière et suivent les bons exemples qu'il leur a donnés. (*Applaudissements.*)

M. MARTIN (Joseph) est un des ouvriers les plus méritants des Forges et Chantiers de la Méditerranée. Agé de 67 ans, il compte trente-neuf années de services; il a été proposé par les membres du Comité d'association de secours des chantiers désignés par les ouvriers sur une liste de dix noms dressée par les directeurs de ces chantiers. Il a joué, au milieu de la nombreuse population ouvrière dont il est entouré, le rôle d'un véritable éducateur, donnant aux apprentis et aux jeunes ouvriers qui travaillent auprès de lui l'exemple de l'habileté professionnelle, du dévouement au devoir, de l'esprit d'ordre et de la bonne conduite. Avec un modeste salaire, il a pu élever convenablement de x filles qui sont encore à sa charge, donner à sa femme, qui a succombé après une longue maladie, les soins qu'exigeait sa santé, et venir encore fréquemment en aide à ceux de ses camarades qui se sont trouvés dans la gêne ou aux familles que la mort de leur chef a laissées sans ressources. *Applaudissements.*)

MM. Seydoux et Cie ont désigné M. BROCHETELLE (Louis-François), âgé aujourd'hui de 64 ans et entré il y a cinquante-cinq ans dans leurs établissements. Depuis l'âge de 9 ans, il n'a interrompu son service dans cette maison que pendant les quatre années qu'il a passées sous les drapeaux et durant lesquelles il a pris part aux expéditions de la Baltique et de Crimée. Ouvrier assidu et énergique, d'une conduite et d'une moralité irréprochables, il a élevé six enfants dont quatre fils. Deux de ces derniers travaillent avec lui dans les ateliers de MM. Seydoux et Cie. (*Applaudissements prolongés.*)

M. NOUVIAUD (Jacques) est né le 3 novembre 1822. A l'âge de 12 ans, il travaillait comme aide-maçon chez son beau-père, puis, au bout de quelques années, se mettait à son compte. Il avait 26 ans lorsqu'il est entré au service de la Compagnie des Mines de Blanzy, comme mineur, puis comme machiniste; il occupe encore aujourd'hui cet emploi au puits de Lucy, et compte dans la Compagnie quarante-six années de services. Ouvrier excellent, d'une probité exemplaire, père de famille dévoué à ses devoirs, il a eu quatre enfants, dont deux seulement ont survécu. Sa fille est mariée à un ouvrier qui travaille avec lui comme machiniste au puits de Lucy; son fils est depuis environ trente ans employé par la Compagnie en qualité de chaudronnier. (*Applaudissements.*)

M. LAMY (Étienne-Adrien), âgé de 62 ans, travaille depuis quarante-deux ans dans les ateliers de reliure de MM. Alfred Mame et fils, à Tours. Sa femme est employée depuis le même nombre d'années dans le même atelier. Ses chefs, qui nous l'ont désigné, nous le représentent comme un homme d'initiative, un travailleur énergique et consciencieux, un chef de famille économe et rangé. Il a prêté un concours actif à toutes les utiles institutions fondées par MM. Mame en faveur de leur personnel. Il est vice-président de la Société de secours mutuels des ouvriers relieurs membre du conseil d'administration et du contrôle de la Société de secours mutuels la Tourangelle, et membre du conseil d'administration de la boulangerie coopérative. Il a obtenu, à l'Exposition universelle de 1878, une mention honorable, à celle de 1889 une médaille de bronze. La Société de protection des apprentis lui a décerné en 1890 une médaille d'argent. (*Applaudissements.*)

M. PASSEREAU (Antoine-Achille), qui est âgé de 62 ans, travaille depuis cinquante ans à la faïencerie de Choisy-le-Roi; il a été unanimement désigné par les membres du bureau des Sociétés de secours mutuels et du Conseil de famille de l'usine dont il est le président depuis 1885. Sorti d'une honnête famille d'ouvriers dont il était le neuvième enfant, il entrait à 12 ans à la faïencerie, déjà pourvu d'une bonne instruction élémentaire. Intelligent, actif et courageux, il devenait successivement emballeur, chef emballeur et vérificateur des expéditions; il occupe encore aujourd'hui ce dernier emploi. Marié en 1854 à une ouvrière de la maison, il a eu quatre enfants qui ont suivi ses bons exemples; trois de ses fils travaillent à la faïencerie. Il est titulaire d'une médaille de bronze de la Société française de tempérance, d'une médaille de bronze de la Société d'Encouragement de l'industrie nationale, d'une médaille de la Société de protection des apprentis. Il a reçu de la faïencerie de Choisy-le-Roi la médaille de vermeil qu'elle décerne avec une somme de 500 francs à ceux de ses ouvriers qui comptent trente années de services. Enfin il a obtenu la médaille d'argent du Ministère du commerce. (*Applaudissements.*)

Le candidat qui nous a été désigné par la Compagnie générale transatlantique est M. DELACOUR (Louis-André-Joseph), né en 1822, et depuis trente ans au service de cette Compagnie où il a successivement rempli les fonctions de maître d'équipage, de gardien chef des tentes et de gardien du débarcadère au Havre. Pendant cette longue carrière, il a mérité et obtenu de ses chefs des témoignages réitérés de satisfaction et d'estime. Il a été père de neuf enfants, dont cinq sont actuellement vivants; indépendamment des sacrifices que lui a coûté l'éducation de cette nombreuse famille, il a eu à sa charge son père pendant cinq ans et son beau-père pendant vingt-trois ans. Mais ce n'est pas seulement par ses bons et honorables services, ce n'est pas seulement par l'accomplissement exemplaire de ses devoirs de famille qu'il s'est rendu digne de la récompense qui va lui être décernée. Les actes de courage et de dévouement à ses semblables abondent dans sa vie; et la seule énumération en serait si longue que je me vois contraint de me l'interdire. Au mois de décembre 1840, à Rouen, à 11 heures du soir, M. Delacour, âgé de 18 ans, se jetait d'une hauteur de 6 mètres dans la Seine, alors gelée, pour sauver un marin en péril de mort. Le 22 juillet 1891, une jeune fille se noyait dans l'avant-port du Havre et paralysait les mouvements d'un sauveteur accouru à son appel; sans hésiter, M. Delacour, alors presque septuagénaire, se jette à l'eau tout habillé, d'une hauteur de plus de 4 mètres, parvient à dégager le sauveteur et ramène la jeune fille à terre. Pendant les cinquante années qui se sont écoulées entre ces deux dates, il a accompli, au péril de ses jours, vingt autres sauvetages et arraché quarante-six personnes à la mort. Les médailles qui constellent sa poitrine sont autant de témoignages publics rendus à ces actes multipliés de courageux dévouement. Il a reçu deux médailles de sauvetage en argent et deux en or; quatre autres lui ont été décernées par la Société des sauveteurs du Havre. Celle qui va lui être remise sera le prix de cette simple et noble vie faite de travail et d'héroïsme. (*Double salve d'applaudissements.*)

DISCOURS

DE MONSIEUR FÉLIX FAURE

PRÉSIDENT DE LA RÉPUBLIQUE FRANÇAISE

Je ne veux pas laisser se terminer cette reconnaissance des services rendus par les braves gens qui sont venus successivement recevoir le témoignage public de leur vie de travail et d'honneur, sans prendre à mon tour la parole. Vous pouvez être fiers de la distinction qui vous est attribuée aujourd'hui ; vous pouvez la transmettre avec orgueil à vos enfants, car elle montrera à tous ce que vous avez été et elle affirmera bien haut que vous avez utilement servi votre patrie. (*Vifs applaudissements.*)

En nous réunissant dans ce Musée social, nous avons pu constater combien les efforts d'hommes dévoués et philanthropes peuvent avoir d'heureux résultats. En secondant les bonnes volontés, en les suscitant, en réunissant toutes les initiatives, le fondateur et les organisateurs de cette institution entendent faire naître bien des amitiés et dissiper bien des malentendus. (*Applaudissements répétés.*)

En cela, eux aussi servent bien la République, et le chef de l'État ne pouvait mieux faire que de venir le constater au milieu d'une assistance d'amis. (*Nouveaux applaudissements.*)

Ma tâche serait incomplète et mes remerciements insuffisants si je ne remettais à l'homme qui a eu ces pensées, qui les a suivies, qui les a encouragées de sa bonne volonté, de sa générosité et de tout son cœur, la marque officielle des services rendus au pays.

Monsieur le comte de Chambrun, je vous fais officier de la Légion d'honneur.

Au milieu des applaudissements enthousiastes de l'assemblée, M. le Président de la République donne l'accolade au nouvel officier.

POÉSIE

DE M. SULLY PRUDHOMME

DE L'ACADÉMIE FRANÇAISE

DITE PAR M. ALBERT LAMBERT FILS

SOCIÉTAIRE DE LA COMÉDIE-FRANÇAISE.

L'homme au bout de ce siècle a-t-il rempli sa tâche ?
Qu'a-t-il fait des trésors qu'il avait hérités ?
— Il a sans cesse accru celui des vérités
Et libéré le bras par l'outil sans relâche :
Et combien d'éléments, jadis ses ennemis,
Antique objet d'effroi pour l'ignorance lâche,
Il a pour son service affrontés et soumis !

Désormais toute force est son humble ouvrière ;
Colosse formidable, insoucieux du vent,
Le vaisseau glisse au gré d'un souffle plus savant ;
La roue impétueuse abat toute barrière ;
Sur l'heure un fil au loin transmet le signe écrit
Et prête à la parole une immense carrière,
Et la voix va survivre aux morts, sœur de l'esprit.

Mainte richesse, hier inconnue et murée,
Des roches qu'on foudroie émerge et luit au jour,
Maint désert s'apprivoise et se dore au labour,
Et des plus longs trajets si brève est la durée,
Si nombreux, si chargés se pressent les convois,

Qu'aujourd'hui la famine est partout conjurée;
La peste enfin recule, implacable autrefois.

Que te manque-t-il donc, ô noble race humaine!
Pour fonder ton bonheur sur le globe asservi,
Pour que, par mille engins secondée à l'envi,
D'un pôle à l'autre en paix ta force s'y promène,
Et pour que ton génie, affranchi du besoin,
Après t'avoir sacrée ici-bas souveraine,
Te rêve au ciel un trône et s'y cherche un témoin?

Il te reste, ô dompteuse! à te dompter toi-même,
A vaincre l'injustice et la discorde en toi,
A connaître, ô savante! hélas! ta propre loi.
Or c'est pour éclairer cet antique problème,
En sonder de sang-froid toute la profondeur,
Te faire dignement porter ton diadème
Et t'enseigner un sort conforme à ta grandeur;

C'est pour interroger tous les peuples du monde,
Offrir en un faisceau les rayons égarés
Des flambeaux par l'espace et le temps séparés
Et fournir à l'étude un jour qui la féconde;
C'est pour sauver l'enfant, le pauvre, de la nuit,
L'oisif du sourd orage où sa sentence gronde,
Le gueux du crime où l'or avare et froid l'induit;

C'est pour forcer la haine à déposer les armes
Dans une arène calme où le vrai seul combat,
Où, ne daignant briller que de son propre éclat,
Il fuit l'ardent forum aux stériles vacarmes,
Montrer à tous la source et les canaux des biens,
Avec droiture acquis, possédés sans alarmes,
Gage et prix des vertus qui font les citoyens;

C'est pour tous ces bienfaits qu'en cette large enceinte
S'unissent, par la même ambition mêlés,
Les chercheurs à la fois patients et zélés,
Contre les violents ligue robuste et sainte.
Ils savent que les grands, les seuls législateurs
Ce sont les rapports vrais des choses, et sans feinte,
Sans trouble, ils font parler ces rois sur les hauteurs.

Ils ne descendent pas sur la place publique
Où les rumeurs du monde étouffent le conseil ;
Ils attirent vers eux, plus proche du soleil,
Au sommet d'où pour l'œil tout s'enchaîne et s'explique,
D'où les taches de sang ne se discernent plus,
Ils font monter l'élite austère et pacifique
Où le peuple à son tour puisera ses élus.

Reconnaissance, honneur à la main généreuse
Qui, pour fonder cette œuvre, en assurer l'essor,
Détournant du chemin vulgaire un fleuve d'or,
En comble le fossé que la Fortune creuse
Entre les hommes nés sous des astres divers,
Et donne à la Patrie, avec l'art d'être heureuse,
Un exemple d'amour qui serve à l'Univers !

(Applaudissements prolongés.)

DISCOURS
DE M. JULES SIMON
DE L'ACADÉMIE FRANÇAISE, SÉNATEUR, PRÉSIDENT D'HONNEUR DE LA SOCIÉTÉ DU MUSÉE SOCIAL.

Messieurs,

Je ne vous ferai pas de discours. Je ne sais même pas si je suis maître de ma voix.

Je dois braver tout d'abord le ridicule qui consiste à parler de soi sans nécessité absolue; mais voici plusieurs jours que je suis malade, sans parler de ma grande maladie qui consiste à avoir quatre-vingt-deux ans. (*Rires et applaudissements.*)

Si j'avais obéi à mon médecin et surtout à ma femme (*Hilarité générale*), je serais à présent dans ma chambre de malade. Mais comme M. le comte de Chambrun, qui veut bien prétendre qu'il est mon ancien élève (*Nouvelle hilarité*), m'a fait l'honneur de me nommer un des présidents de son Musée social, j'ai tenu à venir ici au milieu de vous, vous remercier et remercier aussi M. le Président de la République que l'on trouve partout où il faut protéger le travail et les travailleurs. (*Vifs applaudissements.*)

Je suis heureux de lui dire publiquement qu'il est populaire dans les ateliers. (*Oui! Oui! très bien!*) Peut-être plus populaire même que dans les ateliers du Havre où on le voyait de près cependant; mais je crois qu'en même temps que son action s'est étendue sa popularité a suivi le même chemin. (*Applaudissements.*)

J'ai écouté, Messieurs, l'admirable rapport de mon ami M. Gigot, et j'ai été frappé d'une chose, c'est qu'il y avait vingt-huit lauréats et qu'il n'y a qu'un comte de Chambrun. (*Rires approbatifs.*) Si l'on avait voulu chercher plus loin, on aurait trouvé à augmenter beaucoup votre nombre, mes chers amis, et je veux être persuadé que M. de Chambrun sera non pas l'unique mais le premier de son espèce. (*Rires et applaudissements.*)

J'espère, comme on le disait si justement tout à l'heure, que nous verrons fleurir avant peu en France une mode qui commence à se dessiner et qui nous est venue des États-Unis, la mode qui consiste à avoir un certain nombre de millions pour les donner à des bonnes œuvres. (*Applaudissements répétés.*)

Je suis d'autant plus heureux, Messieurs, de voir se former cette élite de travailleurs que nous sommes, que vous êtes à peu de distance de l'Exposition de 1900 par laquelle vous allez célébrer le centenaire de la grande année où la France a donné au monde la liberté et l'égalité. (*Applaudissements.*)

Je suis convaincu que vous ferez une exposition digne de ces souvenirs; mais assurément vous vous souviendrez surtout que la plus belle chose que vous puissiez exposer dans ce grand Paris, au milieu de tous les chefs-d'œuvre de l'art et de la science, c'est l'ouvrier qui les a produits. (*Nouveaux applaudissements.*)

Une élite de bons ouvriers, voilà la force de la véritable armée française, de celle qui marchera au feu dans quatre ans et qui, je l'espère, apprendra au monde que si nous ne sommes plus la seule grande armée, nous sommes devenus la grande nation. (*Très bien, très bien.*)

Les ouvriers que vous avez récompensés aujourd'hui ne sont pas seulement dignes, Messieurs, d'un prix Monthyon; ce sont des ouvriers d'élite, et pour moi ce mot d'ouvrier d'élite a une signification toute particulière. Si je disais des artistes, ou si je disais des savants, ou si je disais des écrivains, je ne prononcerais pas le mot avec un plus profond respect. (*Applaudissements.*) Il y a cette différence entre le grand ouvrier et les autres, que la société est quelquefois injuste pour lui, et tandis qu'elle récompense à outrance les littérateurs, les savants, les artistes, elle était jusqu'ici avare pour lui de récompenses.

Mais le monde a tourné, grâce aux grands cœurs, et nous verrons désormais le travail mis à sa véritable place. (*Applaudissements.*)

On a dit, Monsieur le Président de la République, qu'à la suite de nos malheurs de 1871 la France avait fait ce qu'aucun autre peuple dans l'histoire ou dans les temps modernes n'a pu faire : qu'elle avait fait renaître ses finances, son administration et son armée dans un temps très court. Ce sera la gloire immortelle d'un homme dont je m'honore d'avoir été pendant trois ans l'ardent collaborateur. (*Applaudissements répétés.*)

Il y avait tout à refaire alors, et, aujourd'hui encore, il vous reste, surtout dans la marine et par l'organisation de l'armée coloniale, la place pour laisser un grand souvenir dans l'histoire de votre pays. (*Applaudissements.*) Mais ce qu'il y avait surtout à refaire, c'était l'industrie et le travail français; et non seulement l'industrie par les machines, — celle dont nous parlait M. Cheysson et dont il est un des chefs, — mais la grande industrie agricole dont M. le Président du Conseil a parlé à la France en des termes dont ce pays se souviendra longtemps. (*Très bien, très bien.*)

Quand vous allez comparaître devant le monde à cette Exposition du centenaire, vous aurez derrière vous une armée du travail déjà reconstituée et à laquelle vous achèverez de mettre la main. Ce sera, je le dis avec conviction, et en même temps, si vous le permettez, avec amitié, ce sera votre gloire. (*Applaudissements prolongés.*)

Messieurs, je sens que ma voix s'en va, et cependant je ne veux pas me taire, après avoir parlé des ouvriers sans dire un mot des ouvrières.

Non seulement l'ouvrier français nous promet le succès de la prochaine exposition, mais je crois que nous en devrons une grande partie à l'ouvrière française.

Il y a à présent quinze jours, je présidais à la Sorbonne une grande association de Français et d'Écossais, destinée à modifier sur certains points l'éducation dans les deux pays.

Quand mon tour est venu de prendre la parole, j'ai porté un toast à la femme française. Ce n'était pas, croyez-le bien, un sentiment de vulgaire galanterie (*Hilarité générale*); c'était le souvenir d'un homme qui a été associé de près en 1871 aux misères de la population, qui a vu le temps où le pain manquait dans toutes les familles, où nous servions en guise de pain une composition hybride qu'on a beaucoup raillée et qui nous avait coûté beaucoup d'essais et d'efforts. Je me rappelle à cette époque-là les longues files de femmes qu'on voyait à la porte des boucheries de cheval ou de chien, à la porte des boulangeries, attendant, les pieds dans la neige et le corps glacé par le froid, qu'on leur distribuât l'insuffisante pitance de leur famille. Elles étaient là, courageuses, impassibles, sans un mot de reproche, sans un mot de détresse; et quand elles rentraient chez elles, c'était pour dire à leur mari et à leurs enfants, aussitôt qu'on entendait le son du rappel: « Va te battre pour la patrie! » (*Applaudissements.*)

Je me rappelle encore les hôpitaux et les ambulances qu'on créait de toutes parts, et M. Albert Lambert, qu'on entendait tout à l'heure, rappelait à mon souvenir les ambulances où j'ai trouvé les actrices les plus ravissantes de Paris, les femmes du plus grand talent, habituées à toutes les formes du luxe, faisant le noble et dur métier de sœur de charité avec une intelligence qui leur venait du cœur, sans préparation, et qui, plus d'un blessé me l'a dit, faisaient plus de bien par le baume de leur sympathie que par les onguents et les remèdes qu'elles leur donnaient. (*Applaudissements.*)

Un jour, en 1871, parmi les étrangers, on a parlé de la grande Babylone : c'était un des boulets que les Allemands jetaient sur la capitale. Il n'y a pas de grande Babylone; il y a une population de femmes sérieuses, modestes, patriotes, dévouées à leur devoir, dévouées à la morale, qui honorent profondément leur pays; et ce que je disais là à des hommes appartenant à l'élite intellectuelle, je le dis ici aux ouvriers : sachez qu'il faut rendre justice à vos compagnes et à vos filles; sachez qu'une grande partie du bien qui nous viendra du peuple, nous viendra de la femme du peuple. (*Applaudissements.*)

Je souhaite que ceux qui vivront encore en 1900 se rappellent mes paroles; et quand M. de

Chambrun, cette année-là, inventera quelque grande récompense (*Rires*), s'il est obligé de se borner, il permettra à l'auteur d'un livre qui s'appelle *l'Ouvrière* de lui demander de ne pas oublier les ouvrières françaises. (*Vifs applaudissements.*)

TABLE

Pages.

I. — Introduction, par M. CHARLES ROBERT, ancien Conseiller d'État, Vice-Président de la Société du Musée social 5

II. — Discours de M. JULES SIEGFRIED, Député, ancien ministre, Président de la Société du Musée social. 14

III. — Rapport, de M. E. CHEYSSON, Inspecteur général des Ponts et Chaussées, Vice-Président de la Société du Musée social 18

IV. — Rapport de M. ALBERT GIGOT, ancien Préfet, Membre du Comité de direction de la Société du Musée social 33

V. — Discours de M. le PRÉSIDENT DE LA RÉPUBLIQUE 61

VI. — Poésie, par M. SULLY PRUDHOMME, de l'Académie française 63

VII. — Discours de M. JULES SIMON, de l'Académie française, Sénateur, Président d'honneur de la Société du Musée social 66

TYPOGRAPHIE FIRMIN-DIDOT ET Cie. — MESNIL (EURE).

www.ingramcontent.com/pod-product-compliance
Lightning Source LLC
LaVergne TN
LVHW020959090426
835512LV00009B/1959